BEI GRIN MACHT SICH IHR WISSEN BEZAHLT

- Wir veröffentlichen Ihre Hausarbeit, Bachelor- und Masterarbeit

- Ihr eigenes eBook und Buch - weltweit in allen wichtigen Shops

- Verdienen Sie an jedem Verkauf

Jetzt bei www.GRIN.com hochladen und kostenlos publizieren

Michael Schweitzer

Workout Data Processing (WDP)

Trainingsplanung anhand numerischer Datenanalysen

GRIN Verlag

Bibliografische Information der Deutschen Nationalbibliothek:

Die Deutsche Bibliothek verzeichnet diese Publikation in der Deutschen National-
bibliografie; detaillierte bibliografische Daten sind im Internet über http://dnb.d-
nb.de/ abrufbar.

Impressum:

Copyright © 2006 GRIN Verlag GmbH
Druck und Bindung: Books on Demand GmbH, Norderstedt Germany
ISBN: 978-3-640-82131-0

Dieses Buch bei GRIN:

http://www.grin.com/de/e-book/165860/workout-data-processing-wdp

GRIN - Your knowledge has value

Der GRIN Verlag publiziert seit 1998 wissenschaftliche Arbeiten von Studenten, Hochschullehrern und anderen Akademikern als eBook und gedrucktes Buch. Die Verlagswebsite www.grin.com ist die ideale Plattform zur Veröffentlichung von Hausarbeiten, Abschlussarbeiten, wissenschaftlichen Aufsätzen, Dissertationen und Fachbüchern.

Besuchen Sie uns im Internet:

http://www.grin.com/

http://www.facebook.com/grincom

http://www.twitter.com/grin_com

Bachelorarbeit 1

Workout Data Processing (WDP)
Eine sinnvolle Alternative zu Polar Precision Performance?

Ausgeführt am

TECHNIKUM WIEN
FACHHOCHSCHULSTUDIENGANG
SPORTS-EQIPMENT TECHNOLOGY/SPORTGERÄTETECHNIK

Ausgeführt von:

Michael A. Schweitzer

Datum: 31.10.2006

PROBLEMSTELLUNG

Die Anzahl der Menschen die versuchen ihr Training zu optimieren steigt von Jahr zu Jahr. Sehr viele dieser Menschen nutzen Pulsuhren um dieses Ziel zu erreichen. Diese Uhren ermöglichen ein gezieltes Training im optimalen Pulsbereich. Unser Ziel war es diese - zum größten Teil - Hobbysportler bei ihren Bemühungen zu unterstützen. Wir wollten eine Software erstellen, die einem Laien eine einfache Analyse des absolvierten Trainings bietet und nebenbei nützliche Tipps und Verbesserungsvorschläge gibt. All diese Kriterien sollten aber so realisiert werden, dass selbst Kinder mühelos die Software bedienen können.

ZUSAMMENFASSUNG

Workout Data Processing ist das Ergebnis einer Projektarbeit der Lehrveranstaltung angewandte Informatik des 3. und 4. Semesters. Das Ziel dieser Arbeit war es eine Software zu erstellen die dem Benutzer eine einfache Analyse und Verwaltung seiner Trainingsdaten ermöglicht. Aus diesem ursprünglichen Ziel leitet sich der Name Workout Data Processing (WDP) ab.

Diese Bachelorarbeit soll dem Leser einen genaueren Einblick in die Methoden und Lösungsansätze, welche für die Realisierung der Applikation gewählt wurden, bieten. Ich möchte an dieser Stelle erwähnen, dass ohne die restlichen drei Teammitglieder, Mario Fabrizii, Nikolaus Hackl und Peter Ortner, ein so umfangreiches Tool nicht annähernd möglich gewesen wäre. Trotzdem möchte ich darauf hinweisen, dass in dieser Arbeit ausschließlich Themen aufgegriffen werden, die durch meine Mithilfe entstanden sind oder zur Gänze in meinem Aufgabenbereich gelegen sind. Diese Themen sind das Auslesen und Verarbeiten von Pulsdaten, die Erstellung eines Puls / Zeit – Diagramms und das Anlegen und Verwalten von Profilen.

INTRODUCTION

Workout Data Processing is the result of a project work which was made during the 3rd and 4th semester in the course applied informatics. The group has generated a software to support sportsmen by manage their workout data. That is the reason why its name is Workout Data Processing (WDP). The group members are Mario Fabrizii, Nikolaus Hackl, Peter Ortner and myself Michael Schweitzer. With the application the user has the ability to analyse and save his training data. WDP gives the user the ability to compare different training sessions with the help of a heart rate / time diagram. In this project thesis I will explain the functions which were my part of the work. The complete application was built in Microsoft Studio.Net 2003. The databank was realised with Microsoft Access and the user interface was generated with the help of Adobe Photoshop 7.0.

I am sorry, but the whole paper is written in German language except the C# syntax and this introduction. Finally I want to add that this software was not written by professional computer scientist, but the achievement of a long and hard project work.

VERWENDETE ABKÜRZUNGEN:

HFmax = maximale Herzfrequenz

HRM = Heart Rate Monitor

IR-Verbindung = Infrarotverbindung

LA = Lebensalter

MCS = Microsoft Crystal Solutions

PPP = Polar Precission Performance

Profil ID = Profil Identifikation

WDP = Workout Data Processing

INHALTSVERZEICHNIS

Michael A. Schweitzer

1 Einleitung

1.1 Was ist WDP?

Die Software Applikation Workout Data Processing wurde im Rahmen der Lehrveranstaltung Angewandte Informatik im 3. und 4. Semester von der Projektgruppe Fabrizii, Hackl, Ortner und Schweitzer erstellt. Die ursprüngliche Idee war, eine Software zu erstellen die es dem Benutzer ermöglicht Trainingsdaten von Polar Pulsuhren zu laden und diese anschließend zu analysieren. Der momentane Entwicklungsstand der Software ermöglicht dem Benutzer das Anlegen eines persönlichen Profils, die Speicherung von Trainingsdaten, die Ansicht der Trainingsleistung anhand eines Graphen sowie die genaue Analyse der Trainingseinheit. Neben diesen Hauptfunktionen ist eine Nutzung auch für Menschen ohne Pulsuhr möglich. Zusätzlich zu den umfangreichen Tipps für ein besseres Training, beinhaltet WDP eine Schnellberechnung der optimalen Trainingsbereiche, wobei das Anlegen eines Profils und vorhandene HRM-Files nicht notwendig sind. Die Applikation wurde vollständig in Microsoft Visual Studio.Net 2003 programmiert. Die Datenbank ist mit Microsoft Access 2002 realisiert worden. Zur Gestaltung der Oberfläche wurde Adobe Photoshop 7.0 verwendet.

Abbildung 1: Startscreen von WDP

1.2 Was ist ein HRM -FILE?

HRM steht für Heart Rate Monitor. Dieses File wird auf einer Polar Pulsuhr erzeugt und sofern die Uhr über diese Funktion verfügt, kann die Information über Infrarot bzw. Sonic Link auf die Festplatte eines Rechners kopiert werden. Um die Trainingsdaten anzeigen zu lassen steht dem Benutzer die von Polar entwickelt Polar Precision Performance Software zur Verfügung. Ursprünglich war geplant, dass unsere Software direkt mit der Uhr kommuniziert um so an die HRM-Files zu gelangen. WDP kann leider nicht direkt auf die Uhr zugreifen, daher ist die Installation der mitgelieferten Polar Software notwendig. Ist die Polar Software installiert, nutzt WDP diese um die HRM-Files auf die Festplatte zu kopieren.

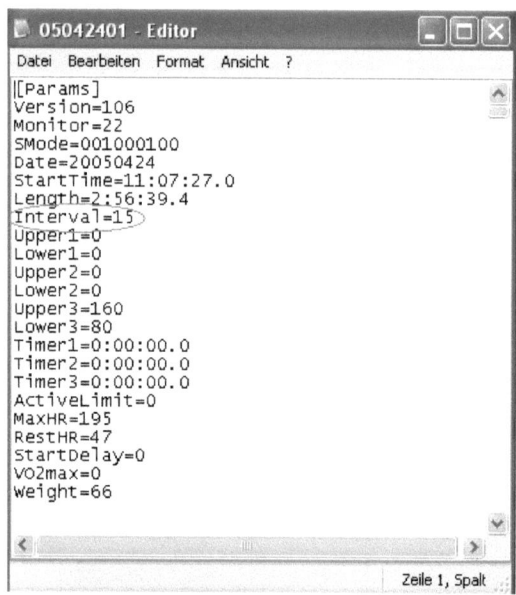

Abbildung 1.2.1

Wie in Abbildung 1.2.1 ersichtlich beinhaltet ein HRM-File verschiedenste Informationen wie beispielsweise das Datum, die Startzeit oder die Trainingsdauer. Für WDP ist aber nur ein kleiner Teil dieser Informationen relevant. Die Trainingsdauer lässt sich über das Aufnahmeintervall und die Anzahl der Messungen errechnen und auch das Datum ist schon durch den Filenamen vorgegeben. Für die Analyse und den Graphen sind natürlich die Pulsmessungen entscheidend. Die aufgezeichneten Pulsdaten beginnen bei jedem HRM-File nach der Zeile [HRData] wie in Abbildung 1.2.2 ersichtlich ist.

In der linken Spalte sind die Pulsdaten zu sehen rechts daneben befindet sich je nach Model und Ausführung entweder die relative Meereshöhe oder die Schrittfrequenz. Es ist auch möglich das ein HRM-File aus drei Spalten besteht, das heißt es werden neben den Pulsdaten auch die Meereshöhe und die Schrittfrequenz aufgezeichnet.

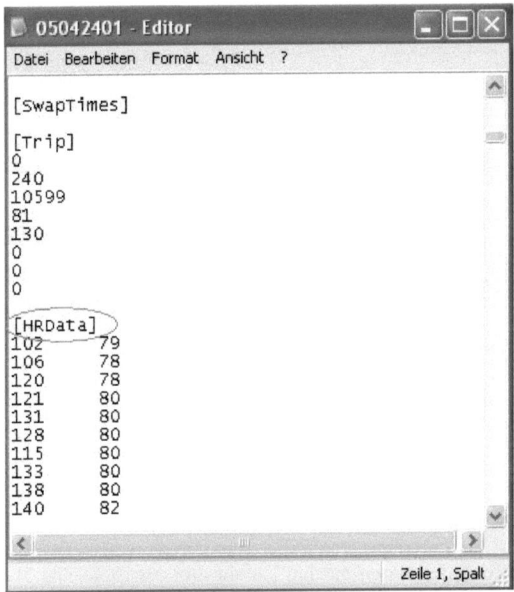

Abbildung 1.2.2

1.3 Programmaufbau

Im folgenden Organigramm ist der Programmaufbau ersichtlich. Im Gegensatz zur früheren Version bleibt der Startscreen mit dem Hauptmenü in der Abschlussversion immer erhalten. Dadurch ist eine einfache Navigation durch die Applikation gewährleistet.

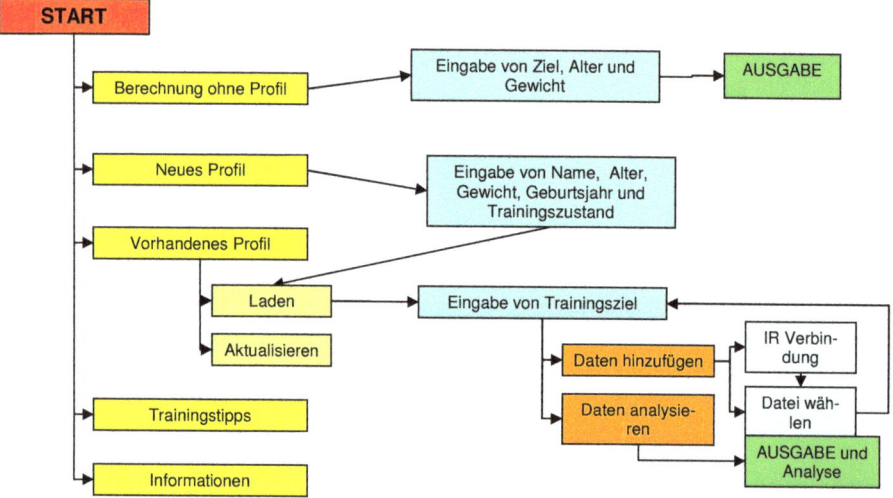

Abb.1.3.1 Programmstruktur

2 Theoretische Grundlagen

In den folgenden drei Unterpunkten möchte ich auf drei entscheidende Themen genauer eingehen. Diese Themen sind bewusst gewählt, da es sich dabei um die zum größten Teil von mir bearbeiteten Problemstellungen handelt.

2.1 Lesen und Analysieren von Pulsdaten

2.1.1 Kommunikation mit der Pulsuhr

Wie schon einmal erwähnt war es uns leider nicht möglich direkt mit der Uhr zu kommunizieren.

Die Firma Polar hat einen Sicherheitsmechanismus eingebaut, welcher eine direkte Datenübertragung über die Infrarotschnittstelle verhindert. Diese Übertragung funktioniert leider nur mit Hilfe der firmeneigenen Software. Mit großer Wahrscheinlichkeit sendet die Polar Software einen Code, welcher die Übertragung erst möglich macht. Trotz der Verwendung eines Dataloggers war es nicht möglich diesen Code herauszufinden um ihn anschließend zu verwenden.

Da es für dieses Problem aus unserer Sicht keine andere Lösung gab, ist die Verwendung der Polar Software in WDP integriert. PPP wird nun während der Benutzung unserer Software geöffnet und nach dem Ausführen der Downloadfunktion wieder geschlossen.

2.1.2 Lesen von HRM-Files

Das gewünschte HRM-file wird durch einen Open File Dialog ausgewählt. Der gesamte Inhalt des Files wird dabei in die Variable data vom Typ string geschrieben. Anschließend wird in die öffentliche Methode Read mit dem Rückgabewert string gewechselt. In dieser Methode wird der Inhalt von Data zeilenweise gelesen und relevante Informationen in separaten Variablen gespeichert. Ist die Zeile [HRData] erreicht, wird eine Verbindung zur Access Datenbank geöffnet und die Pulsdaten werden in der Datenbank abgespeichert.

2.1.3 Analyse der Daten

Die Grundlage für die Analyse der Trainingsdaten bildet die Berechnung der Pulsgrenzen. Diese Berechnung basiert auf den Formeln von Hills bzw. Hollmann und Rost. Diese Formeln stützen sich auf Erfahrungswerten von Sportmedizinern, sind weltweit anerkannt und geben dem Freizeitsportler gute und zuverlässige Anhaltswerte. Bei der Berechnung kommen das Geschlecht, der momentane Trainingszustand und das Lebensalter zum tragen. Eine noch genauere Bestimmung der Trainingsgrenzen ist nur über die Berücksichtigung des Ruhepulses möglich. Wir haben uns jedoch entschlossen diese Kenngröße zu vernachlässigen, da die Bestimmung des Ruhepulses nur unter ärztlicher Aufsicht erfolgen kann, und daher die Benutzung der Software unnötig kompliziert. Anbei sei noch erwähnt, dass auch die Firma Polar diese Berechnungsformeln verwendet.

Untrainierte w:	$209 - (0,7 \times LA) = HFmax.$
Untrainierte m:	$214 - (0,8 \times LA) = HFmax.$
Trainierte w:	$211 - (0,5 \times LA) = HFmax.$
Trainierte m:	$205 - (0,5 \times LA) = HFmax.$

Die Ober- und Untergrenze bilden den Rahmen für die Analyse. Diese wird während des Zeichenvorgangs in der Methode Paint durchgeführt. Beim Durchlaufen der Pulsdaten wird die Anzahl der Werte die eine Grenze über- oder unterschreiten gezählt. Anschließend wird der Prozentsatz der Grenzüber- bzw. Unterschreitungen berechnet und ausgegeben. Der Benutzer erhält zusätzlich dazu einen vorgefertigten Text, welcher das Ergebnis der Analyse beschreibt.

2.2 Ausgabe des Herzfrequenzverlaufs in einer Kurve(Puls/Zeit – Diagramm)

Eine wichtige Funktion von WDP bildet die optische Anzeige der Trainingsleistung mit Hilfe eines Diagramms. Hierbei werden die gemessenen Pulsdaten über die Zeit in einem Diagramm angezeigt. Ursprünglich war geplant, das Ausgabeblatt über Microsoft Crystal Reports zu erstellen. Dieses Softwarepaket ermöglicht unter anderem die Erstellung von Diagrammen und Kurven in C#. Nach etwa zwei Wochen intensiver Beschäftigung ohne Erfolg, sah ich keine möglichen Fehlerquellen und suchte nach Alternativen. Nach einer Rücksprache mit Hr. Dr. Reichl entschied ich mich dafür den Grafen mit verschiedenen Variationen des Befehls paint selbst zu zeichnen. Daraus ergaben sich neue Probleme, denn die Länge der erstellten Kurve ist abhängig von der Anzahl der Trainingsdaten. Die Auflösung des jeweiligen Rechners limitiert die Anzahl maximal darzustellender Pulswerte. Dieses Problem wurde über eine Mittelwertsberechnung gelöst.

2.3 Datenbanken

Nach der ersten Entwicklungsphase, Anfang 4. Semester, entschieden wir uns das Programm weiter auszubauen und zu verbessern. Eine entscheidende Verbesserung hierbei ist die Profilerstellung. Der Benutzer hat dadurch die Möglichkeit ein persönliches Profil zu erstellen in welchem Daten wie Name, Alter und Trainingszustand gespeichert werden. Diese Informationen werden in einer Microsoft Access Datenbank gespeichert. Bei der erneuten Nutzung von WDP kann der Benutzer sein Profil laden und erhält dadurch eine Auflistung seiner bereits gespeicherten Trainingsdaten. In Abbildung 2.3.1 ist die Oberfläche der Profilerstellung ersichtlich.

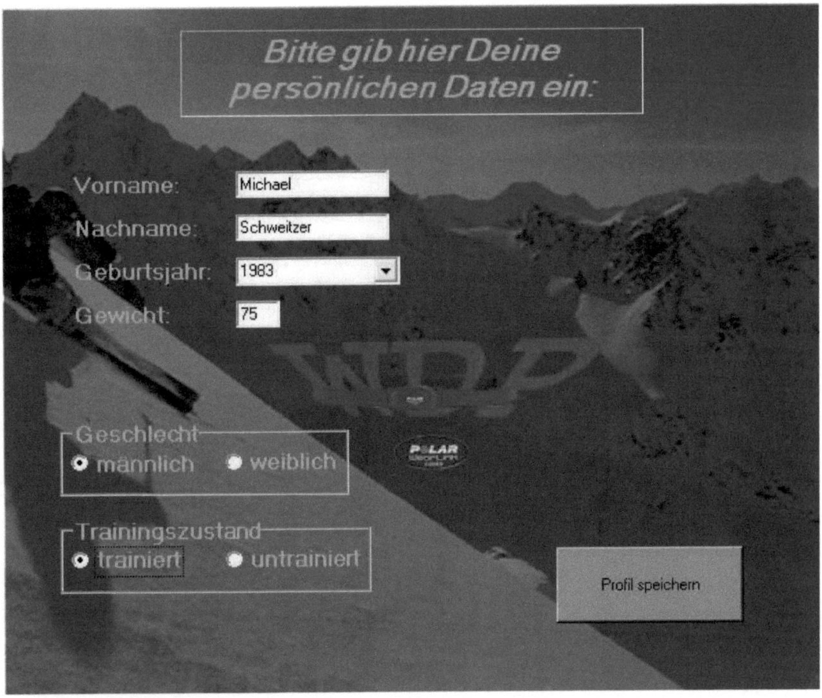

Abbildung 2.3.1 Ansicht der Profilerstellung

Hat der Benutzer bereits ein Profil erstellt, bedarf es nur der Eingabe des Vor- oder Nachnamens, um das persönliche Profil anzeigen zu lassen. In der Access Tabelle Profile, werden die beiden Spalten mit Vor- und Nachnahme durchlaufen und mit der Eingabe verglichen. Wird eine Übereinstimmung gefunden, erscheint der Name am Display und der Benutzer kann diesen auswählen.

Hat er sein Profil ausgewählt gelangt der Benutzer zur Profilansicht. In diesem Fenster werden alle bereits geöffneten Trainingsdaten angezeigt. Bevor ein Training analysiert werden kann, muss ein Trainingsziel gewählt werden. Wird kein Trainingsziel gewählt, kann die Analyse zwar durchgeführt werden, jedoch entsprechen die berechneten Pulsgrenzen automatisch einem Herz-Kreislauf Training. Neben den drei Auswahlmöglichkeiten, befindet sich zur Erklärung je ein Hilfebutton.

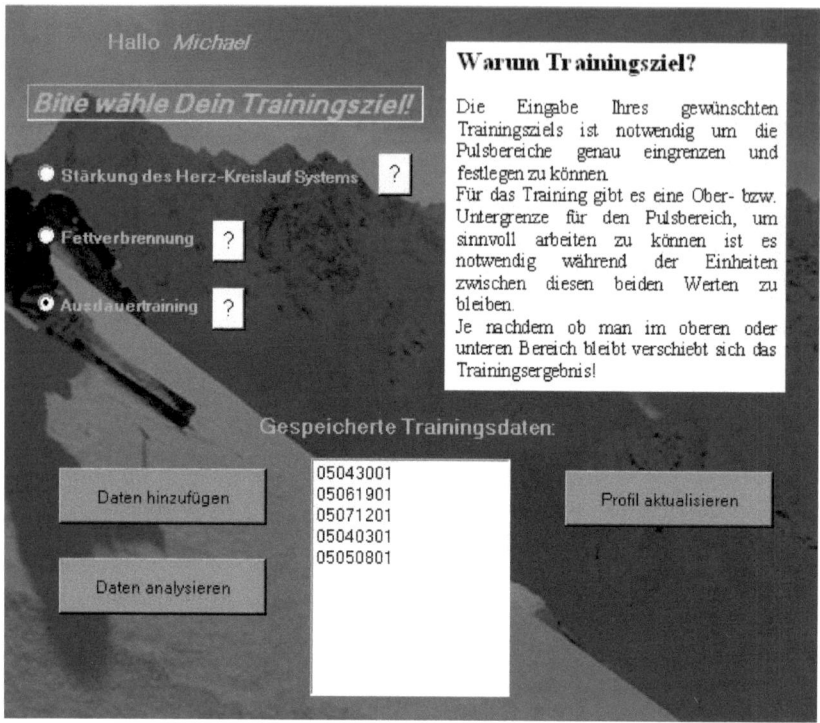

Warum Trainingsziel?

Die Eingabe Ihres gewünschten Trainingsziels ist notwendig um die Pulsbereiche genau eingrenzen und festlegen zu können.
Für das Training gibt es eine Ober- bzw. Untergrenze für den Pulsbereich, um sinnvoll arbeiten zu können ist es notwendig während der Einheiten zwischen diesen beiden Werten zu bleiben.
Je nachdem ob man im oberen oder unteren Bereich bleibt verschiebt sich das Trainingsergebnis!

Abb.2.3.2 Profilansicht

3 Praktische Ausführung

Ich habe mich dazu entschlossen einen Teil des Programmcodes in diese Arbeit zu integrieren, um eine Nachvollziehbarkeit der gewählten Methoden zu erreichen. Daher werden Sie auf den nächsten Seiten auszugsweise einige Methoden abgebildet finden. Die umfangreichen Kommentare wurden von mir nachträglich hinzugefügt und dienen einzig dem Verständnis des Lesers.

3.1 Pulsdatenbearbeitung

3.1.1 Methode „Button2.Click"

Diese Methode wird durchlaufen wenn der Benutzer im Menü Datenladen den Button mit der Aufschrift „Datei öffnen" anklickt. Daraufhin öffnet sich ein Open File Dialog der das Auswählen des gewünschten HRM-Files ermöglicht.

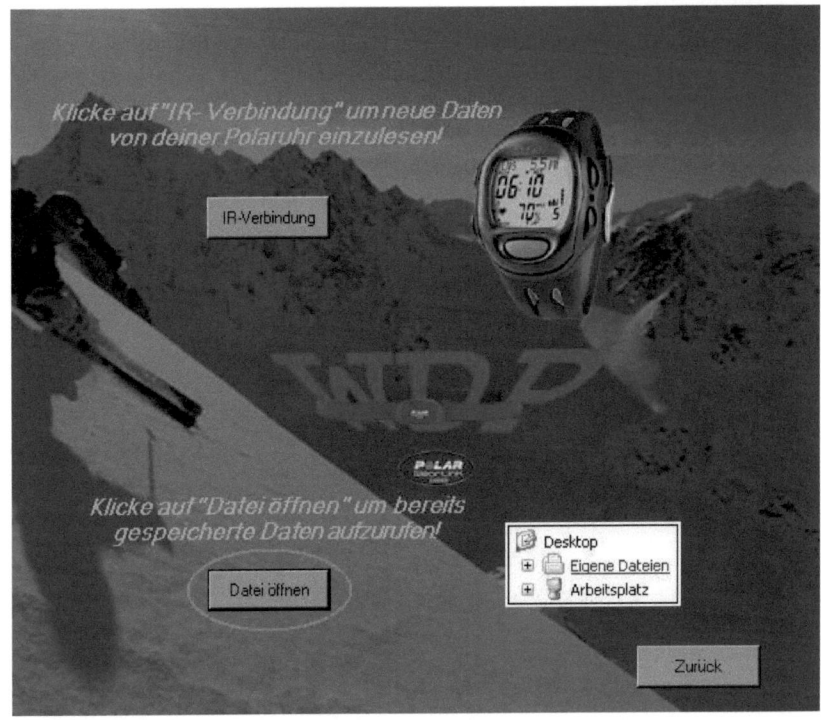

Abb. 3.1.1 Ansicht von Menü Datenladen

```
private void button2_Click(object sender, System.EventArgs e)
    {
            DialogResult result = openFileDialog1.ShowDialog();
            // Wenn das Ergebnis keine Fehler liefert wird die Verzweigung
            //durchlaufen
            if ( result == DialogResult.OK )
            {// Der Inhalt vom ausgewählten File wird in data geschrieben
                string data = Read( openFileDialog1.FileName );
                // Die aktuelle Ansicht wechselt zur Profilansicht
                Profilansicht form = new Profilansicht(f);
                form.Show();
            }
            else
            {
            }
    }
```

3.1.2 Methode „Read"

Diese Methode ist eine der Wichtigsten im ganzen Programm. Die Aufgaben dieser Methode sind es, das Aufnahmeintervall sowie das Trainingsdatum zu ermitteln und die Pulsdaten ab der Zeile [HRData] auszulesen. Anschließend werden all diese Informationen in einer Access Datenbank abgelegt.

Die Methode hat aufgrund ihrer Bedeutung eine Größe erreicht die es mir nicht ermöglicht sie hier komplett aufzulisten. Daher werde ich nur Teile dieser Methode aufzeigen und besprechen.

```
// Bearbeitung der Pulsdaten ab der Zeile mit HRData:
if (data == "[HRData]")
{       // Der Variablen filename wird der Name des HRM-Files zugewiesen.
        string filename =this.openFileDialog1.FileName;
        int lange = filename.Length;
        // Der Zeichensatz ".hrm" wird in filename gesucht und dessen
        // Position in der Variablen stelle gespeichert.
        int stelle = filename.IndexOf(".hrm",0,lange);
        // Um die richtige Position zu erhalten wird von stelle 8 abgezogen
        // da das Datum immer 8 stellig angegeben wird.
        int stellerichtig = stelle-8;
        // Das korrekte Trainingsdatum wird durch die Erstellung eines
        // Substrings erzeugt.
        string datumstr = filename.Substring(stellerichtig,8);

        // OleDb Datenverbindung
        OleDbConnection con = new OleDbConnection();
        con.ConnectionString = "Provider = Microsoft.Jet.OLEDB.4.0; Data Source
        =C:\\WDP\\WDP-Profile.mdb";
        con.Open();

        ArrayList pulsdaten = new ArrayList();
        z=0;

        do
        {       // Die Variable pulsdat wird nach jedem Durchlauf der Schleife
                // mit dem Rückgabewert der Methode reader befüllt.
                pulsdat = reader.ReadLine();
                // Solange der Wert von Pulsdat nicht Null ist wird
                // der Inhalt der Verzweigung abgearbeitet.
                if (pulsdat != null)
                {
                        // Die Variable e gibt an, an welcher Stelle sich
                        // die Zeichenkombination "\t"(Tabulator) befindet.
                        e = pulsdat.IndexOf("\t", i);
                        // Es wird ein Substring erzeugt welcher an der
                        // Stelle 0 beginnt und vor e endet.
                        schnitt = pulsdat.Substring(0,e);
                        // Konvertierung von String zu Integer
                        intschnitt = Int32.Parse(schnitt);

                        // OleDb Anweisungen:
                        string myInsertQuery ="INSERT INTO Puls (ID,Pulsdaten)  Val-
                        ues('"+ f +"','"+ intschnitt +"')";
                        OleDbCommand cmd = new OleDbCommand(myInsertQuery,con);
                        cmd.ExecuteNonQuery();
                }
        }
}
```

Diese Programmzeilen haben zur Folge, dass in der Access Tabelle Puls die gesamten Pulsdaten eines Trainings zeilenweise gespeichert werden.

3.1.3 Methode der Analyse

Wie schon vorhin erwähnt findet die Analyse in der Methode Paint während des Zeichenvorganges statt. Jeder Pulsmesswert wird mit den berechneten Grenzen verglichen. Die Anzahl der gesamten Über- oder Unterschreitungen wird gezählt und anschließend der prozentuelle Anteil am gesamten Training berechnet. Die Art und Weise wie die Analyse der Pulsdaten durchgeführt wird ist nicht sonderlich komplex, jedoch für den Anwender sehr nützlich.

```
// Analyse der Pulsdaten
for(h=0;h<arr1.Length;h++)
    {// Der zu Analysierende Wert wird in die Variable analy geschrieben.
        analy= Convert.ToInt16(arr1.GetValue(h));
        // Liegt der Wert über der errechneten Obergrenze, wird die
        // Variable analyseog um eins erhöht.
        if(analy >=og)
        {analyseog++;}
        // Der Wert wird natürlich auch mit der Untergrenzen verglichen.
        if(analy<=ug)
        {analyseug++;}
    }
// Um eine Auswertung zu gewährleisten wird Anhand der Gesamtzahl von
// vorhandenen Pulswerten ein Prozentsatz berechnet.
double anawert1 = länge/100;
// Die Variable prozent1 spiegelt die prozentuelle Anzahl der Werte
// über der Obergrenze wieder.
double prozent1 = analyseog/anawert1;
double prozent2 = analyseug/anawert1;

// Je nach der Größe des prozentualen Anteils wird ein bestimmter
// Text in das Ausgabeblatt integriert.
// Bei einem Anteil von 25% und mehr Werten über der Obergrenze und gleichzeitig
// einem höhreren Anteil über der Obergrenze als unter der Untergrenze wird die
// TextBox2 sichtbar.
        if(prozent1>=25 && prozent1>prozent2)
        {
                this.richTextBox2.Visible=true;
        }
// Für jeden möglichen Fall wird ein passender Text eingeblendet.
        if(prozent2>=25 && prozent2>prozent1)
        {
                this.richTextBox1.Visible=true;
        }

        if(prozent1>25 && prozent2 >25)
        {
                this.richTextBox4.Visible=true;
        }

        if(100 - prozent1-prozent2>50)
        {
                this.richTextBox3.Visible=true;
        }
```

Das Ergebnis dieser Analyse wird in der Form eines Textes dem Benutzer mitgeteilt. Ein Beispiel für so einen Analysetext, finden Sie in Abbildung 3.1.3.1 und im Anhang auf dem Ausgabeblatt.

> Im oben stehenden Diagramm siehst Du Deine mit der Polar-Uhr aufgezeichnete Herzfrequenz. Die blaue Obergrenze und die grüne Untergrenze geben Deinen optimalen Bereich für das von Dir gewünschte Training an.
>
> Nach der anfänglichen Aufwärmphase hast Du Dich über 25% Deiner Trainingszeit außerhalb Deiner optimalen Herzfrequenz-Obergrenze befunden, Du bist also ein wenig über Dein Ziel hinausgeschossen und solltest es beim nächsten Mal etwas ruhiger angehen um Dein gewünschtes Trainingsziel zu erreichen.

Abb. 3.1.3.1 Textausgabe entsprechend der Analyse

3.2 Methode „Paint"

Der Inhalt dieser Methode hat die Aufgaben, die Pulsdaten als Graph darzustellen und die passende Umgebung dafür zu erzeugen. Wie in Abbildung 3.2.1 ersichtlich befinden sich in diesem Label neben der Kurve auch noch einige andere Elemente. Die jeweiligen Pulsgrenzen werden genauso erzeugt, wie Beschriftung und Skalierung. Die Berechnung der Trainingszeit wird ebenfalls in der Methode Read durchgeführt.

Die Darstellung der Pulsdaten hat die Projektgruppe - insbesondere mich - sehr lange beschäftigt, da eine Nutzung der von Microsoft gelieferten Tools leider nicht möglich war. Anfangs war geplant Microsoft Crystal Solutions zu verwenden um das Ausgabeblatt zu gestalten. Diese Variante hätte den Vorteil einer leicht zu gestaltenden Oberfläche in einem druckbaren Format gehabt. Leider war es uns nicht möglich die Pulsdaten durch MCS anzuzeigen. Jede Bemühung endete in der gleichen nicht relevanten Darstellung. Nach Rücksprache mit Hr. Dr. Martin Reichel entschied ich mich dafür, die Oberfläche selbst zu erstellen. Schließlich kam dabei dieses Label heraus.

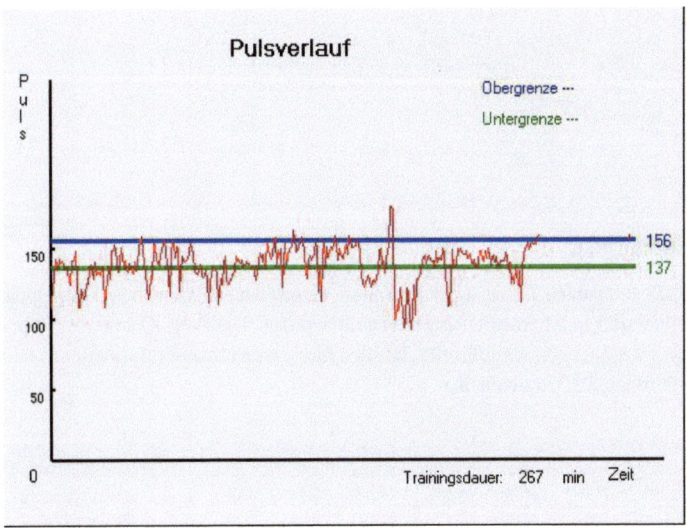

Abb. 3.2.1 Puls/Zeit Diagramm

Im anschließenden Code ist die Art und Weise wie der Graph erzeugt wird näher erklärt.

```
// Die Erzeugung des Graphen ist abhängig von der Anzahl der Pulsdaten
if(arr1.Length>=430 && arr1.Length < 860)
    {
        for(a=0;a<länge-4;a++)
        {
            // Die Variable inhalt1 erhält einen Pulsmesswert aus der
            // ArrayList arr1 in welcher sich die Pulsdaten befinden.
            inhalt1 = Convert.ToInt16(arr1.GetValue(a));
            // Die Laufvariable a wird um eins erhöht
            a++;
            // Die Variable inhalt2 erhält den nächsten Pulsmesswert
            // aus der ArrayList arr1.
            inhalt2= Convert.ToInt16(arr1.GetValue(a));
            // Aus den beiden Werten inhalt1 und inhalt2 wird das
            // arithmetische Mittel gebildet.
            inhalteins =Convert.ToInt16((inhalt1+inhalt2)/2);
            // Der Punkt eins wird erzeugt.
            Point eins = new Point(35+y,320-inhalteins);
            // Die Laufvariable y wird um eins erhöht.
            y++;
            // Die Laufvariable a wird erneut um eins erhöht.
            a = a+1;
            // Es beginnt der gleiche Vorgang wie gerade
            inhalt3 = Convert.ToInt16(arr1.GetValue(a));
            a++;
            inhalt4 = Convert.ToInt16(arr1.GetValue(a));
            inhaltzwei = Convert.ToInt16((inhalt3+inhalt4)/2);
            // Der zweite Punkt wird erzeugt
            Point zwei = new Point(35+y,320-inhaltzwei);
            // Durch DrawLine wird eine Linie zwischen den
```

```
// beiden erzeugten Punkten gezeichnet
e.Graphics.DrawLine(redPen,eins,zwei);
// Damit die Kurve durchgehend ist wird die
// Variable a um zwei reduziert.
a=a-2;

          }
     }
```

3.3 Datenbankaufbau

Die für WDP relevanten Daten werden in zwei verschiedenen Datentabellen gespeichert. Diese beiden Tabellen sind in Microsoft Access erstellt worden. Der erste Datensatz beinhaltet die auf dem jeweiligen Rechner erstellten Profile. Bei den hier gespeicherten Informationen handelt es sich um die in Abbildung 3.3.1 ersichtlichen.

Microsoft Access - [Profil : Tabelle]

Datei Bearbeiten Ansicht Einfügen Format Datensätze Extras Fenster ?

	Vorname	Nachname	Geburtsdatum	Gewicht	Trainingszustand	Geschlecht	ProfillD
+	Max	Mustermann	1980	78	0	0	16
+	Mario	Fabrizii	1978	75	0	0	20
+	Michael	Schweitzer	1983	120	1	0	22
+	Silvia	Test	1960	77	1	1	25
+	Hans	Huber	1982	78	0	0	26
+	Michael	Schweitzer	1983	0	0	0	27
▶			0	0	0	0	(AutoWert)

3.3.1 Datentabelle: Profil

In der zweiten Datentabelle befinden sich alle mit WDP geöffneten Trainingsdaten. Jedes Training beginnt mit einer bestimmten Sequenz. Diese bestimmte Zeile hat im Gegensatz zu den normalen Zeilen in der Spalte Datum einen Inhalt und der Wert von IV(Intervall) ist nicht 0. Zusätzlich nimmt der Wert in der Zeile Pulsdaten den Zahlenwert der Identifikationsnummer an.

Eine weitere Besonderheit bildet die letzte Zeile der Trainingsaufzeichnung. In dieser Zeile wird die Profil ID und der Wert der Spalte Pulsdaten auf 99 gesetzt. Diese Kennung ist notwendig um bei der Analyse beziehungsweise der Erstellung des Graphen eine klare Abbruchbedingung vorzufinden. Diese Methode limitiert die Anzahl der auf einem Rechner gespeicherten Profile auf 99, da sonst die Abbruchbedingung auch mitten in einem HRM-File auftauchen könnte. Sollte es einmal zu einer unvorhergesehenen Nutzung kommen könnte diese mögliche Fehlerquelle allerdings schnell korrigiert werden.

ID	Pulsdaten	Datum	IV
5	151		0
5	148		0
5	145		0
5	135		0
5	116		0
5	125		0
99	99		0
1	1	05070201	15
1	95		0
1	103		0
1	110		0
1	121		0
1	121		0
1	110		0
1	121		0
1	120		0
1	118		0
1	124		0

Abb. 3.1.2Datentabelle:

Die Befüllung dieser Tabellen erfolgt über eine OleDb-Anweisung. Die Vorgefertigte Access Datenbank wird im Programmverzeichnis mitgeliefert. Es ist daher erforderlich, dass WDP auf dem lokalen Datenträger mit der Kennung C:\ abgelegt wird. Ist dies nicht gewährleistet, kann die OleDb-Connection nicht hergestellt werden. Diese Tatsache kann nur durch eine Installationsanweisung oder einen geeigneten Setup Wizzard erreicht werden.

Im Anschluss sehen Sie den Programmcode, welcher den Datenaustausch zwischen WDP und Microsoft Access ermöglicht. Konkret wird in diesen Zeilen nach den Profilinformationen gesucht.

```
// Erzeugung einer neuen OleDbConnection mit dem Namen con.
    OleDbConnection con = new OleDbConnection();
    // Ein Data Adapter mit dem Namen da ist ebenso erforderlich.
    OleDbDataAdapter da = new OleDbDataAdapter();
    // Die Anweisungen werden zunächst auf null gesetzt.
    OleDbCommand cmd = null;
    // Ebenso die Anweisungen für den vorgefertigten Reader
    OleDbDataReader dr = null;
    // Der Typ und der Pfad der Verbindung werden hier definiert.
    con.ConnectionString = "Provider = Microsoft.Jet.OLEDB.4.0; Data Source =
    C:\\WDP\\WDP-Profile.mdb";
    // Die Verbindung wird geöffnet.
    con.Open();
    // In cmd wird definiert, was in der Tabelle Profil passieren soll
    cmd = new OleDbCommand("select *from Profil", con);
    // Der Reader führt die mit cmd festgelegten Anweisungen durch.
    dr = cmd.ExecuteReader();
    // Die Laufvariable i2 wird auf null gesetzt.
    int i2 = 0;
    // Solange dr.Read ausgeführt wird, wird die Variable i2 mit
    // der Profil ID verglichen.
        while (dr.Read())
        {
```

Michael A. Schweitzer

19

```
// Hat i2 den gleichen Wert wie die Profil ID werden alle
// Informationen dieser Zeile ausgelesen und in die jeweiligen
// Variablen gespeichert.
    if (i2==f)
    {// Vorname, Nachname und alle anderen relevanten Profildaten
      // werden übernommen.
        vorname = dr.GetString(0);
        nachname = dr.GetString(1);
        datum1 = dr.GetInt32(2);
        gewicht = dr.GetInt32(3);
        trainingszustand = dr.GetInt16(4);
        geschlecht = dr.GetInt16(5);

    }
    i2++;
}
// Nachdem alle Zeilen der Profiltabelle durchlaufen wurden, wird der
// Reader geschlossen.
dr.Close();
// Natürlich wird auch die Verbindung beendet.
con.Close();
```

4 Wirtschaftliche Aspekte

4.1 Kompatibilität mit anderen Herstellern

Ein entscheidender Faktor für den wirtschaftlichen Erfolg ist die Größe der Zielgruppe die das Produkt nutzt. Um WDP für eine größere Anzahl von Menschen nutzbar zu machen, müsste eine universelle Einsetzbarkeit erreicht werden. Dieses Ziel kann nur erreicht werden, wenn möglichst viele Erzeuger von Pulsuhren in dieser Software integriert sind. Dies würde bedeuten, dass nicht nur Produkte der Firma Polar sondern auch der anderer Firmen wie Suunto, Sigma oder FRWD kompatibel sein müssen. Das führt allerdings zu mehreren Problemen. Erstens muss ein Datenaustausch über die jeweiligen Schnittstellen (Infrarot, Bluetooth, Sonic Link®) ermöglicht werden. Das zweite große Problem liegt darin, dass die Files, welche die Pulsdaten beinhalten, unterschiedlich aufgebaut sind. Diese Tatsache wiederum hat zur Folge, dass die Methode „Read" auf jeden Hersteller abgestimmt werden müsste.

Für den Fall, dass einmal alle oder die meisten Hersteller mit ihren Produkten durch WDP genutzt werden könnten, ist ein sehr großer Kundenstock mögliche.

4.2 Nutzung über das Internet

Die momentane Ausführung von WDP ermöglicht keine Nutzung über das Internet. Dies ist ein großer Nachteil, denn ein freier Zugang beziehungsweise eine Online Plattform wären extrem wichtig. Menschen nutzen weltweit Pulsuhren um ihr Training zu steuern und Rückschlüsse auf ihren Trainingserfolg zu ziehen. Mit einer entsprechenden online Version von WDP wäre es möglich diese Daten zu bündeln um sie anschließend zu analysieren. Es wäre möglich ohne großen Aufwand an mehrere tausend Trainingsaufzeichnungen von verschiedensten Personen zu gelangen. Dafür müsste man nur die von einem Benutzer in einem Profil abgespeicherten Daten auf einem zentralen Server speichern. Der Programmieraufwand für eine online Nutzung wäre meiner Meinung nach überschaubar. Auf der anderen Seite müsste die Oberfläche in mehreren Sprachen gestaltet werden und ein entsprechender Support müsste auch gewährleistet werden.

5 Diskussion

5.1 WDP eine sinnvolle Alternative für PPP?

Betrachtet man die beiden Programme objektiv, dann ist klar zu erkennen, dass Workout Data Processing nicht mit dem Produkt von Polar mithalten kann. Die von Polar angebotene Software bietet dem Anwender die Möglichkeit seine Trainingsleistungen zu analysieren und zu archivieren. Darüber hinaus können die Trainingsdaten in einem Kalender abgelegt werden, dies führt zu einem übersichtlichen Trainingstagebuch. Außerdem steht dem Benutzer eine Vielzahl von verschiedenen Darstellungsmöglichkeiten des Herzfrequenzverlaufes zur Verfügung. Die Oberfläche ist einfach gestaltet und auch für einen Laien nachvollziehbar. Das einzige Manko ist das Fehlen einer Hilfe die sich der Trainingsgestaltung und dem Trainingsaufbau widmet.

In WDP wurden zwar die wichtigsten Elemente und Funktionen integriert, leider reicht dies aber nicht aus um eine ernsthaft Konkurrenz für PPP darzustellen. Durch die Einbindung von mehreren Pulsuhrerzeugern in die Software, wäre es möglich Trainingsdaten von verschiedensten Sportlern mit unterschiedlichen Pulsuhren in einer Sotwareumgebung zu vergleichen. Dies ist uns nicht gelungen. Ein weiterer entscheidender Minuspunkt ist, dass die Nutzung über das Internet nicht realisiert wurde.

Ich möchte jedoch anmerken, dass diese Applikation im Rahmen einer Lehrveranstaltung erstellt wurde und das ganze Projekt den Zweck hatte, dass die Mitglieder der Projektgruppe bei der Ausführung etwas lernen. Dieses Ziel wurde definitiv erreicht, und somit ist auch die Frage der Sinnhaftigkeit geklärt.

5.2 Hat WDP eine Zukunft?

Aus jetziger Sicht eher nicht. Die Idee welche hinter dem ganzen Projekt steht, war gut und ist es auch heute noch. Das Potential daraus eine Anwendung für eine große Zielgruppe zu machen ist definitiv vorhanden. Auf der anderen Seite ist mit der Auflösung der Projektgruppe auch die Weiterentwicklung gestoppt worden. Eines steht fest, um mit dieser Software erfolgreich zu sein, bedarf es einer umfangreichen Neugestaltung und Weiterentwicklung. Da diese durch den Fortlauf des Studiums und der daraus entstehenden Verpflichtungen sehr unwahrscheinlich geworden sind, sehe ich für Workout Data Processing keine positive Zukunft.

6 Literatur

[1]   Reinhold, D.; Scheel, J.: C# Das große Buch, Data Becker, Düsseldorf, 1.Auflage 2002

[2]   Hager; C.: C# Das grundlagen Buch, Data Becker, Düsseldorf, 1.Auflage 2003

[3]   homepage: http://www.csharphelp.com/mainarchive.html/

[4]   homepage: http://www.microsoft.com/germany/msdn/library/

[5]   homepage: http://www.csharp-station.com/Articles.aspx/

7 Anhang

7.1 Ausgabeblatt:

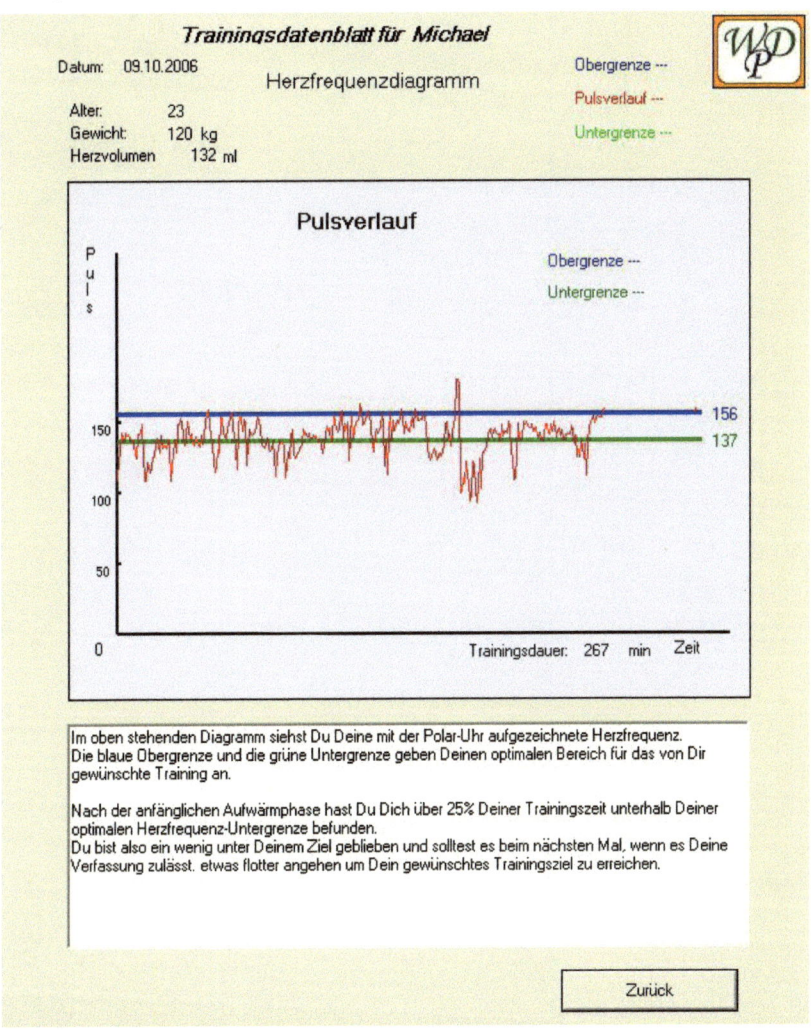